An Schwalm, Nette und Niers
Niederrheinischer Naturpark im Farbbild

An Schwalm, Nette und Niers
Niederrheinischer Naturpark im Farbbild

Ein Farbbildband mit
Aufnahmen von Ruth Kaiser und
Texten von Herbert Feilke

HORST ZIETHEN VERLAG

2. Auflage 1985
© Copyright:
HORST ZIETHEN VERLAG
5000 KÖLN 50, Unter Buschweg 17
Telefon (0 22 36) 6 10 28

Nachdruck verboten – Alle Rechte vorbehalten

Redaktion:
Dr. Herbert Feilke, Ruth Kaiser, Udo Eckers,
Horst Ziethen

Textautor: Dr. Herbert Feilke

Druck, Lithographie und Grafik:
OFFSET-FARBDRUCK HORST ZIETHEN

Printed in Germany
ISBN 3-921268-13-3

75 Farbaufnahmen: Ruth Kaiser

Tieraufnahmen:
Graureiher und Eisvogel – Jürgen Dietrich GDT
Wespenbussarde – Hans Laßwitz

4 Luftbilder wurden von Martin Frank fotografiert und sind
freigegeben vom Regierungspräsidenten Münster
unter den Nummern: 5.471/83, 5.474/83, 5.465/83, 9260/77

Aktuelle Lageplangrafik: Hanns-Josef Kaiser

Die historische Lageplankarte von 1803-1820
(Tranchot und v. Müffling) wurde zur Reproduktion vom
Landesvermessungsamt Nordrhein-Westfalen
zur Verfügung gestellt.

Haus Ingenhoven (Clemen, Kunstdenkmäler der Rheinprovinz, 1896f)

Burg Bocholt, Torbau
(Clemen, Kunstdenkmäler der Rheinprovinz, 1896f)

An Schwalm, Nette und Niers
Niederrheinischer Naturpark im Farbbild

Ein Streifzug durch Geschichte und Gegenwart

Schwalm, Nette, Niers – das kennt kaum ein Auswärtiger. Diese drei niederrheinischen Flüßchen streben der Maas zu, fließen abseits der großen Städte; Krefeld und Mönchengladbach kennt man noch, schon die Kreisstadt Viersen ist kaum bekannt, die kleinen Städte wie Kempen oder Lobberich oder die hübschen Orte wie Brüggen und Wassenberg sind völlig aus der Welt. Es ist ein weitgehend unentdeckter Raum landschaftlicher Schönheiten mit dem eigenen niederrheinischen Reiz. Die stillen Brücher, so heißen hier die feuchten, sumpfigen Niederungen, die sandigen Heiden, die lichten Wälder mit Kiefern und Birken, die knorrigen Buchenstämme, die zu viert, fünft oder sechst aus einer Wurzel wachsen, die flachen Seen, sie alle zusammen bilden die Landschaft des Naturparkes Maas-Schwalm-Nette.

Das Land weitet sich hier, vor dem Regen ballen sich Wolken zu Gebirgen, die Sonne bricht nur noch an einzelnen Stellen durch, der Horizont ist zum Greifen nah. Bezeichnend sind die vielen Kirchtürme der vielen kleinen Orte, die längst keine Dörfer mehr sind, aber auch nicht Stadt genannt werden können, heißen sie nun Hinsbeck, Bracht, Amern oder Oedt. Die Ebene ist noch zum Teil Wiesenland. Hier und da stehen noch die alten Peschen, die Feldgehölze, die die Bauern früher als Hauwald hatten.

An den Rändern der Ebenen neigt sich das Land in die Bachtäler, an Kopfweidenreihen vorbei laufen Gräben, Rinnen, Bäche und Naturschönheiten wie Schwalm und Nette. Noch manches Mal begleiten Erlen die Gewässer, oft stehen wie Gardesoldaten Pappeln in Reih und Glied auf niedrigen Deichen. Hier ist das Land meliorisiert (verbessert) worden. Die weiten Windungen wurden durchstochen, die behäbige Breite beengt, wasserfeuchte Wiesen trockengelegt. Dennoch ist das verarmte Kulturland eine inzwischen beliebte Landschaft geworden. Die Menschen kennen sie mit langen Sandwegen am Fluß und Pappelreihen am Ufer – typisch für die niederrheinische Landschaft, sei es an der Niers, der Schwalm oder am Rhein.

Es gibt auch noch einige Strecken, die dem alten Zustand nahe sind. Wie Denkmäler erinnern weite Gewässer und sich windende Wasserläufe an das Bild der alten Naturlandschaft, die seit Menschengedenken stets verändert und dem Menschen angepaßt wurde. Im Oberlauf der Schwalm liegt die Motte Tüschenbroich bei Wegberg (27). Malerisch in einem See gelegen, hebt sich der runde Rücken der alten Motte aus dem Wasser. Solche künstlichen Hügel, die aus dem Sumpf aufsteigen, sind sehr alt. Sie können als frühmittelalterliche Fliehburgen entstanden sein, um den Bauern der Umgebung eine Zuflucht im weiten Lande zu bieten, das außer den Wasserläufen und Niederungsmooren keine Deckung bot. Aus dem Aushub, mit dem die Altvorderen die Gräben anlegten, entstand der Hügel; oft finden sich in dem Erdreich des Hügels mächtige Eichenbalken, hölzerne Träger und Lehmflechtwerk, um den feuchten Grund zu festigen und zu heben.

Das benachbarte Schloß Tüschenbroich (sprich: -brooch), wahrscheinlich der Nachfolger der Niederungsburg auf der Motte, stammt aus dem hohen Mittelalter; 17. und 18. Jahrhundert haben ihre baulichen Spuren hinterlassen. Die Anlage ist trotz einiger Trümmer ansehenswert und gefällig. Und die Weisheit des Schwalmtales „Wo Wasser ist, winkt ein Wirtshaus" gilt auch hier. Die Tüschenbroicher Mühle mahlt längst nicht mehr Leinsamen zu Öl, sondern bietet den Ausflüglern Rast in einem Lokal (25–27). Übrigens liegt in dem Walde, der zum Schloß gehört, eine achteckige Gnadenkapelle aus dem 17./18. Jahrhundert. Zu leicht übersieht man die kleinen Schönheiten am Rande, denn man sieht nur, was man kennt.

Entlang der Schwalm

Ab Tüschenbroich beginnt nun die Kette der Mühlen, die wie kleine Perlen aufgereiht das Flüßchen begleiten. Seien es nun Brokkenmühle, Bischofsmühle, Lohmühle, Ramachermühle, Molzmühle, Papelter Mühle; die Mühlen am Mühlenbach, der an der Molzmühle nördlich Wegbergs in die Schwalm fließt, nutzten die Kraft dieses kurzen Bächleins noch aus, die Holtmühle, Buschmühle und Schrofmühle, deren letzte ein Kleinod ist, weil sie immer noch ein arbeitsfähiges Mahlwerk hat wie in alten Zeiten. Daß im Mittelalter diese Gegend einmal Mühlgau hieß, leuchtet ein. Daß die Müller im Mittelalter zu den unehrlichen Berufen gerechnet wurden, leuchtet um so mehr ein, weil viele Bauern ihr Korn bei einem Müller mahlen lassen mußten, den ihnen der Landesherr vorgeschrieben hatte. Dafür kassierte der Landesherr natürlich bei den privilegierten Müllern, die Müller bei den Bauern, welche damit am Ende der Reihe standen und die letzten waren. Es blieb sich gleich, ob Korn geschrotet oder Leinsamen gepreßt wurde, ohne Mühlen ging es nicht. Erst die Bauernbefreiung im 19. Jahrhundert beendete diesen Zustand. Uns Heutigen bleiben die zum größeren Teil recht ansehnlichen Mühlengebäude, deren Größe und gelegentlich behäbige Pracht selten erklärt wird (34, 35, 36, 38, 40).

Wendet man sich westlich nach Wildenrath, so erreicht man in der Nähe des Ortes das Haus Wildenrath, ein ansprechender Fachwerkbau, sehr schön zwischen Bäumen und Wiesen an einem Teich gelegen. Es ist nur noch der Rest, früher gehörte eine Burg dazu, der Haus Wildenrath als Gehöft diente. Heute ist das Gebäude ein fester Begriff für alle, die eine ausgedehnte Wanderung unternehmen wollen. Bis zu vierzig Kilometern kann man gehen, ohne an größere Orte zu stoßen. Weit erstreckt sich der Meinweg, ein Waldgebiet, das schon zur niederländischen Provinz Limburg gehört, mit seinen tiefen Wäldern und den Sanddünen, unterhalb derer kleine Seen blinken, die zu Recht den Namen Elfenmeer tragen. Um Verständnis für diese einzigartige Natur, die heute bedrohter ist als je zuvor, bei den vielen Besuchern des Maas-Schwalm-Nette-Naturparkes zu wecken, dient bei Haus Wildenrath der Naturlehrpfad (28, 29). Dieser Pfad stellt idealtypisch das Gebiet vor: Das etwas höhergelegene Kulturland mit seinen baumlosen Ackerfluren bricht ab, kleine Rinnen und Bäche wie der Schaagbach durchziehen es, Quellen rieseln sachte aus Hängen, dauernd wechselnde Standortbedingungen bieten einer reichen Tier- und Pflanzenwelt Lebensräume. Der Wanderer blickt über die Baumkronen und sieht in der Ferne schon die Maas, über dunklen, kleinen Seen schwirren Libellen – doch man sollte auf den Wegen bleiben. In dem großen Meinwegwald, wo bis in die jüngste Vergangenheit sogar noch Wildpferde gegrast haben sollen, ist auf limburgischer Seite ein Schutzgebiet für Kreuzottern. Wie alle Wildtiere lieben auch sie keine Störungen.

Das Gebäude Haus Wildenrath hat vier Arbeitsplätze für Biologen, die hier eine Forschungsstätte finden, wenn sie die Schwierigkeiten der Natur mit Scharen von Ausflüglern und deren Folgen untersuchen wollen. Die größten Eingriffe in die freie Natur leisteten sich bisher Technik und Militär. Durch den Meinweg ging eine Eisenbahnstrecke, die einmal „Der eiserne Rhein" werden sollte, führte sie doch von den großen Städten an Rhein und Ruhr über Mönchengladbach nach Roermond, von wo aus sie Antwerpen erreichen sollte. Heute liegen große Flächen des Naturparkes in den britischen Fliegerhorsten, was nicht nur Nachteile hat. Denn im Schutze der Sperrgebiete gedeihen Pflanzen und Tiere, die sonst längst verdrängt wären.

Wenden wir uns wieder der Schwalm zu. Nördlich der renovierten Molzmühle zwischen den kleinen Weilern Rickelrath und Schwaam kehrt sich die Schwalm gegen Nordwesten. In weiten Windungen durchfließt sie in der sumpfigen Niederung einen schönen Bruchwald, südlich der dortigen Papelter Mühle münden Knippertzbach und Heitbach in die Schwalm.

Das Bild der Landschaft verändert sich kaum; hier, zwischen den schönen Dörfern Merbeck, Tetelrath und Lüttelforst, strömt der Fluß durch die Talaue. Links und rechts deutlich ansteigend sind die Talhänge, oberhalb derer dann das Kulturland sich weitet. Diese Landschaft hat einen hohen Erlebniswert, wie es neudeutsch so treffend gesagt wird. An der Schwalm befinden sich hier und dort Dauercampingplätze, die Restaurants und Gasthöfe in den alten Mühlen bringen weniger Unruhe in die Landschaft. Aber nördlich der Lüttelforster Mühle, nordöstlich des zu Unrecht unbeachteten Ortes Niederkrüchten, liegt der Hariksee mit seinen Campingplätzen, Bootsverleihen, Ausflugsschiffchen und den Heerscharen von Paddelbooten, Jollen und Kähnen. Das Vergnügen des Paddelbootfahrens auf der Schwalm wird neuerdings getrübt. Wenn die Paddler aus dem Hariksee aufwärts bis zur Pannenmühle kommen, bemerken sie den fallenden Wasserstand, hier und dort rutschen sie mit dem Kiel über seichte Stellen. Das so schön scheinende Tal der Schwalm ist durch sinkende Wasserstände bedroht (39, 41–43).

Der fortschreitende Tagebau der Braunkohlengruben hat die Quellgebiete der Niers schon erreicht, Tiefen von über 300 Metern ziehen das Grundwasser an die Sohlen der Gruben, aus denen es hinausgepumpt wird. Dieses Wasser fehlt den Flüssen. Trotz des starken Regens im Frühjahr 1983 fiel der Wasserstand der Schwalm deutlich merkbar. Naturschützer wollen die Fließgeschwindigkeit der Schwalm drosseln, indem sie wieder in ihr altes Bett geleitet wird, in dem sie ruhig und gemächlich in weiten Windungen ihren Weg fließen kann. Gelegentliche Schwellen auf dem Grunde des Flusses sollen das Wasser verlangsamen, was der Landschaft guttäte. Besser wäre es, wenn das Grundwasser bliebe, wo es noch ist, im Grunde nämlich, denn auch die Feuchtgebiete wären von sinkenden Grundwasserständen bedroht.

Wenn an warmen Frühsommerabenden an der Mühlrather Mühle die jungen Aale durch das feucht-glitschige Moos die Fischtreppe hinaufkriechen, dann denkt man nicht mehr an sinkende Wasserstände, an Verlandung, an Überlastung der Landschaft. Die Schwalm strömt gelassen durch Gagelgebüsche. Alte Baumbestände säumen den Fluß in der Talaue. Etwas östlich liegt die Gemeinde Schwalmtal mit dem Hauptort Waldniel, dessen im Wortsinne hervorragendstes Merkmal der hohe Turm der Pfarrkirche St. Michael ist. Wie viele Kirchen der ehemaligen preußischen Rheinprovinz entstand sie in den frühen 80er Jahren des vergangenen Jahrhunderts. Heute kaum noch bekannt ist der damalige Protest all dieser Kirchen gegen den preußischen Staat, in dem die katholischen Niederrheiner nicht viel mitzubestimmen hatten. Es blieb ihnen die Besinnung auf ihren Glauben, dem sie in der Verfolgung durch die Obrigkeit immer mächtigere Kirchen widmeten. Um 1883 soll es gewesen sein, daß in einem rheinischen Gefängnis mehr katholische Pfarrer gesessen haben als gewöhnlich Sünder. Eine weitere Spur des Kirchenkampfes unter Bismarcks Regiment sind die vielen Klöster und Kirchen längs der Grenze, aber auf niederländischem Gebiet, etwa Steyl, das Ludwigs-Kolleg, Maria Helferin in Tegelen. Dorthin reichte der Arm der preußischen Polizei nicht. Waldniel hat neben dem Schwalmtal noch einige hübsche Fachwerk- und Bürgerhäuser aus dem 17. und 18. Jahrhundert. Von der alten Wall- und Grabenanlage um den Flekken ist heute nichts mehr da (54, 55).

Der Weg zur Schwalm führt über Amern, das Dorf mit den beiden Kirchen, welche jede ihrem Ortsteil den Namen gegeben hat, nämlich Sankt Anton und Sankt Georg, wo der heilige Georg schön niederrheinisch einfach „Sant Joores" genannt wird. Er hat sich bis heute nicht beklagt. Über den Heidweiher erreicht man Born, aber vorher sollte man dem Dörfchen Dilkrath einen Besuch abstatten (56).

Dieses Dörfchen, eigentlich nur ein Weiler, hat im wesentlichen seinen Charakter erhalten. Winzig um die Kirche drängen sich einige Höfe, ehe man sich's versieht, ist man wieder auf der Chaussee. Doch Kirchlein und Pfarrhaus bilden ein bemerkenswertes Ensemble. Hier, in der St.-Gertrud-Kirche, vermutete man kaum eine der ältesten und besterhaltenen Orgeln der weiteren Umgebung. Wer hätte geglaubt, daß diese Orgel noch mit Kalkant gespielt werden kann? Sie dürfte weit und breit die einzige Kirche sein, in der noch der Meßdiener oder Küster einen Balken drückt, um den Blasebalg der Orgel zu füllen, damit sie ertönt. In der Nachbarschaft befinden sich noch einige andere alte, wohlklingende Orgeln, etwa in Lüttelforst, in Elmpt-Overhetfeld in der Kapelle Maria an der Heide und in der Pfarrkirche St. Nikolaus in Brüggen, die einst den Kreuzherren des dortigen Klosters als Kirche gedient hat. Die Brüggener Orgel ist nicht nur eine der schönsten Orgeln, sondern sie gehört auch zu „den klangedelsten Barockorgeln des Rheinlandes".

Doch zurück zur Schwalm, die auf ihrem Wege nach Westen an Born vorbeifließt. Hier öffnet sich die Talaue und ein weites Wiesenland breitet sich aus. Rechts am Hang aufsteigend einige Häuser mit einem anscheinend uralten Kirchlein, dessen mürbes Mauerwerk aussieht, als halte es nur noch Stunden, und dessen weißes Zifferblatt der Turmuhr stolz kündet, daß keine Modernisierung es bisher in seiner erfreulich altmodischen Ruhe gestört hat.

Vielleicht ist es der Tuffstein, der das brüchige Backsteinmauerwerk stützt, von der alten Burg, die hier einst stand. Im Niederungsmoor zwischen Schwalm und Borner See in dem Flurstück Bergbenden (Berg = Burg; Benden = Feuchtwiesen) liegt unter Wiesenboden eine Niederungsburg, die hier übliche Doppelanlage mit Wirtschaftsvorburg und runder Hauptburg. Die Ausgrabungen zeigten, wie die Altvorderen sich zu schützen wußten. In den weichen Moorgrund hatten sie Aberhunderte von Eichenpfählen gerammt, auf die sie Schicht um Schicht Lehmflechtwerk legten, um Höhe zu gewinnen. Im späten Mittelalter wurde die Burg und Motte Bornheim zerstört, Namen und Besitzer sind bis heute nicht mit letzter Sicherheit festzulegen (41, 42).

Die Veränderung macht auch nicht vor der Landschaft halt. Der Borner See liegt in einer Eintiefungswanne aus der jüngsten erdgeschichtlichen Vergangenheit. Im Laufe der Zeiten verlandete der See, durch den der Kranenbach fließt, so sehr, daß die Leute aus Born dort Torf stechen konnten. Durch den Torfstich wiederum, der bis in das 19. Jahrhundert dauerte, vergrößerte sich die Wasserfläche wieder. Die langsam fließenden niederrheinischen Gewässer mit ihrem hohen Gehalt an Nährstoffen und der geringen Tiefe lassen die Wasserpflanzen reichlich wachsen.

Die Begradigung der Bäche in den dreißiger Jahren ließen die Fließgeschwindigkeit des Wassers steigen, das fortan mehr Nährstoffe und Ackerkrume mitriß, als der Borner See vertragen mochte. Das Ende des Sees schien gekommen: eine öde Wasserfläche ohne tierisches Leben, nur noch eine riechende Fläche Unlandes. Doch inzwischen hatte sich das Bewußtsein für die Natur etwas gewandelt. Die Verwaltung des Naturparkes Maas-Schwalm-Nette und Fachleute, die sich in ihrer Freizeit unablässig für die Rettung der heimatlichen Landschaft einsetzten, sorgten für die Sanierung des Sees. Bagger saugten die Setzstoffe vom Grunde, vertieften den Seeboden, schufen ein völlig neues Ufer, vergrößerten sogar die Wasserfläche deutlich. Heute liegt der Borner See malerisch in den Wiesen, umrahmt von der Schwalm, dem Flecken Born und dem ansäumenden Feuchtwald, der in einen schönen Rotbuchenwald übergeht. Es ist möglich, daß sich die Landschaft hier wieder erholt, denn weder Camping noch Boote, weder Rummel noch Raserei können hier die Ruhe der Landschaft stören. Vielleicht siedeln sich wieder die bedrohten Pflanzen und Tiere an, deren Refugium man nicht stören sollte. Oft sieht man hier den Graureiher, den Charaktervogel und das Wappentier des Naturparkes (70).

Bevor die Schwalm ihren deutschen Namen verliert und auf den letzten wenigen Kilometern Swalm heißt, durchfließt sie Brüggen. Dieser Ort dient seit einiger Zeit dem Fremdenverkehr und der Naherholung. Der nett erhaltene Ortskern mit Burg, Kloster und Kirche läßt die vergangene Bedeutung der Gemeinde erahnen. Hier, unterhalb der Burg, war ein Übergang über die Schwalm, hier saß der Amtmann von Jülich und ließ die Furt bewachen. Die früher bedeutende Wasserburg folgt dem Vorbild kurkölnischer Landesburgen, doch von der alten gotischen Burg sind uns nur noch ein runder Eckturm, einige Wohngebäude und der Torbau geblieben. Die Anlage ist insgesamt gepflegt und beherbergt ein Restaurant und das Jagdmuseum. Die Kirche mit der schlichten Rokokoausstattung ist sehenswert, besonders die schon erwähnte Orgel von J. H. Titz. Das alte Kloster, das etwas streng wirkt, ist heute Sitz der Gemeindeverwaltung. Bemerkenswert ist der Versuch, ein typisches Bauernhaus in der Ortslage zu erhalten und einem neuen Zweck zuzuführen. Das Restaurant Birxhof liegt an einer der beiden Hauptstraßen des Ortes; wohltuend proportioniert in den ausgeglichenen Maßen des 17./18. Jahrhunderts sind Fenster- und Wandflächen, der äußeren Rekonstruktion entspricht in etwa die innere. Der Innenraum wirkt durch eine mächtige Feuerstelle und einen schönen Innenhof, leider sind die Konzessionen an den heutigen Geschmack etwas zu großzügig, was aber die gelungene Raumwirkung nicht stört (52, 53).

Brüggen ist sicherlich wegen seiner Ortslage zu einem bevorzugten Wohnort geworden. Westlich beginnt der weite Grenzwald, sind kleine Seen, Moore und Heiden. Die Schwalm fließt an dem Venekoten-See vorbei.

Hart im Raume stoßen sich die Gegensätze, denn nur zehn Minuten Weges weiter blühen Birkenhaine, gedeiht der Gagel, rufen Reiher, das Elmpter Bruch, ein schönes Naturschutzgebiet, liegt dort südlich der Schwalm. Das Land wird offener, südlich beginnen kleine Sandhügel aus der Wiesenebene aufzusteigen – unmerklich ist die Grenze zwischen dem Rheinland und der Provinz Limburg überschritten. Hier, entlang der Abbruchkante der Mittelterrasse sickern Rinnsale aus den Kiefernwäldern, fließen nach Westen und erreichen bald die Maas. Versteckt liegen einige wunderschöne Stellen, die kaum zugänglich sind und denen öffentliches Interesse nur schadet.

Südlich Brüggens und der Schwalm liegt Elmpt, ein Dorf, dessen Bedeutung unterschätzt wird. Wenig einladend sind die vielen Bars, die auf ein dringendes Bedürfnis der vielen Militärs dieser Gegend schließen lassen. Der Gegensatz, der sich in dem Marienaltar mit dem Gnadenbild der Muttergottes in der Kapelle in Overhetfeld eröffnet, könnte nicht größer sein. Diese ehemalige Gnadenkapelle aus dem Jahre 1703 besticht durch ihre schöne Lage und ihre kunstvolle Innenausstattung. Der kleine Antwerpener Schnitzschrein ist von 1530/40 und soll aus dem Kloster Zandt bei Straelen stammen. Über das in der Nähe liegende Schloß Dilborn kam der Altar in die Kapelle (vgl. Bilder 46, 47). Von dem Schloß Dilborn, einem alten Wasserschloß, steht heute nur noch die Vorburg, im 19. Jahrhundert wurde es stark verändert. Es dient heute als Kinderheim; sehr schön ist die Lage zwischen Wald und Wiesen (20).

Damit endet der Weg an der Schwalm entlang, die westlich des Ortes Swalmen in die Maas mündet. Fährt man mit der Fähre, die nahe der Swalm-Mündung am Maasufer anlegt, über den Strom, erreicht man leicht die großen Moore und Heiden des Peels, eines der schönsten Naturgebiete des östlichen Brabants.

Entlang der Nette

Die Nette ist das Flüßchen, das geläufiger Ansicht nach in Dülken an der Moselstraße entspringen soll, als Rinnsal fließt es aus der Stadt heraus, begleitet die Chaussee nach Boisheim und ist auf den ersten wenigen Kilometern nicht sehr ansehnlich, ein wenig verheißungsvoller Beginn für einen der schönsten niederrheinischen Flüsse.

Dülken ist eine alte Stadt, bis 1970 war sie selbständig, seitdem gehört sie mit Süchteln und Boisheim zu der neuen Kreisstadt Viersen. Dülken ist weitaus bekannter als das etwas größere Viersen.

Dülken hat eine Akademie, die immerhin dem Geheimrat Goethe angeboten hatte, Mitglied dortselbst zu werden, doch der alte Herr kommentierte mit der Randbemerkung „Rheinische Absurditäten" – denn die Akademie ist keine richtige Akademie, es ist die nicht minder bekannte Narrenakademie. Dülken ist auch das Herz des niederrheinischen Karnevals. Symbol und Schmuckstück dazu ist die Narrenmühle, eine Bockwindmühle aus Holz mit einem gelben Mond als Windfähnchen. Wären nicht die Narren gewesen, die Mühle wäre längst den Weg vieler anderen rheinischen Windmühlen gegangen (57).

Die Stadt lebt von der Textilindustrie und der Textilmaschinenindustrie. Beide sind durch den Strukturwandel, wie es vornehm so lautet, zurückgegangen, wenn nicht ganz verschwunden. Das Stadtbild selbst ist geprägt von Bauten aus den Gründerjahren, die Bausubstanz im Kern ist erhalten. Am alten Waisenhaus, das heute als Stadtbücherei dient, sind rekonstruierte Teile der alten Stadtbefestigung.

Verläßt man die Stadt, so gelangt man hinter dem Dörfchen Boisheim in die Gegend, die landschaftlich zu den schönsten zählt. Die Nette bildet in dem Breyeller See die erste große Wasserfläche, die der Landschaft ihren Reiz gibt. Mit viel Aufwand und Geld ist auch dieser See vor kurzem entschlammt und vergrößert worden. Doch die ganze liebe Mühe erscheint fragwürdig, denn ein Teil des Sees ist durch den Autobahndamm, der quer hindurch verläuft, schlicht amputiert.

Zwischen Breyell und Lobberich reihen sich die Netteseen: Nettebruch, Windmühlenbruch, Ferkensbruch. Ihre Namen verraten, daß sie Torfbrücher waren, die nach dem Torfstich voll Wasser gelaufen sind (59, 62, 63).

Nun ist Breyell ein Ort, der nicht sonderlich auffällt. Am Ortsrand nach Norden wird es hübscher, wo die Ackerbauflächen abfallen in die Wiesensenken, die die Nette durchfließt. Lobberich, auf der nordöstlichen Seite des Netteufers, ist eine Kleinstadt mit recht hübschem Ortskern. Hier ist die Verwaltung der Stadt Nettetal, deren Name kaum ein Einheimischer gebrauht, nach wie vor benutzt man die geschichtlichen Ortsnamen Lobberich, Breyell, Kaldenkirchen, Hinsbeck und Leuth. In Lobberich sind bemerkenswerte Baudenkmäler die Burg Ingenhoven, ein gelungen restaurierter Bau, eine gotische Backsteinburg mit einem schönen Innenhof, die alte Pfarrkirche mit ihrem Efeu am Turme wirkt ansprechender als die Nachfolgerin, die immerhin schon vor dem Ersten Weltkriege fertig war. Schöner als der Ortskern, den auch die großen Textilwerke mit ihren Samt- und Teppichwebereien prägen, sind die Außenbezirke, die Honschaften, so heißen die kleinen Bauernschaften seit alters her. Im Sassenfeld am Windmühlenbruch ist noch eine Kornmühle, die in Betrieb ist. Oft sieht man Frachtwagen, die beladen werden, daneben stehen Kühe am Zaun, weiße Hausenten rudern im Wasser, Bläßhühner schreien, der Hund bellt – eine ländliche Idylle, die nur vom Tuckern der Trecker gestört wird. Natürlich ist diese Mühle keine mittelalterliche, doch der dunkelrotbraune Backsteinbau ist undefinierbaren Alters, spätes 19. und 20. Jahrhundert haben ihn zu einer ländlichen Industrieburg werden lassen.

An der Lüthenmühle vorbei durch das Hochbend gelangt die Nette in den Wittsee, auch einfach De Witt genannt. Unbekümmert um Natur und Landschaft schneidet die Bahnlinie Lobberich-Kaldenkirchen ein Viertel des südlichen Sees ab, der Bahndamm läuft genau von Ost nach West durch den See. Die Bahnlinie liegt seit etwa 1981 still, das Bahnhofsgebäude in Lobberich ließ die Bundesbahn abreißen, bevor man entschied, ob das preußische Empfangsgebäude ein frühindustrielles Denkmal sei oder nicht.

Die Gegend wirkt anheimelnd, die Wiesen reichen bis an das Seeufer, Kopfweiden stehen in Reihen, ein schütterer Streifen Rohrkolben oder Schilf säumt das Ufer. An Sommerabenden rauschen die Pappeln beim leisesten Lufthauch, an den Gräben stehen die Aspen und geben der Landschaft diese postkartenschöne Eigentümlichkeit, die den Fremden immer wieder zu dem Eindruck „Das ist Niederrhein" veranlaßt. Dabei sind die Pappeln, auch Aspen gehören dazu, erst spät an den Niederrhein gekommen, wie so oft soll auch hier Napoleon daran schuld sein.

Der Wittsee ist ein Gewässer für die Naherholung. Campingplatz, Segelboot, Surfbrett und Paddelboot lassen den Wert des Gewässers je nach subjektiver Einschätzung steigen oder sinken. An warmen Sommertagen ist hier reger Betrieb. Der Konflikt zwischen Nutzung der Natur und Naturerhaltung entsteht an den Krickenbecker Seen nur bedingt. In diese vier Seen fließt die Nette, nachdem sie einen Erlenbruchwald durchflossen und die Leuther Mühle passiert hat. Diese vier Seen sind Kern des Naturparkes Maas-Schwalm-Nette im Norden und zweifellos der wertvollste Teil des gesamten Gebietes (68-73). Als am 15. Januar 1938 das Gebiet der vier Seen von Krickenbeck (Poelvenn, Schrolik, Glabbacher und Hinsbecker Bruch) zum Naturschutzgebiet erklärt wurde, da schrieb der rheinische Heimatforscher Professor A. Steeger, daß „schwellende Torfmoorpolster die glitzernden Rosetten des rundblättrigen und mittleren Sonnentaus" trügen. Aber gibt es sie denn noch? Die Vögel wie Nachtigallrohrsänger, Weißsterniges Blaukehlchen, Ziegenmelker, Rohrweihe, Große Rohrdommel, die Steeger vor fast 50 Jahren noch kannte und erwähnte?

Nach einer Generation ist der Verlust der Arten nur Fachleuten geläufig. Die Schönheit der vier Seen fällt auch dem Raser auf, der auf dem schmalen Straßendamm zwischen den Gewässern fährt. Und in der Tat, wenn an einem Herbstabend die Sonne milchigrosa hinter den schütter gewordenen Erlen und Eichen untergeht, wenn die umtriebigen Enten endlich still werden, wenn ein warmer letzter Wind an den vergangenen, meist feucht-warmen Sommer erinnert, ja, dann möchte man sich wünschen, daß es so bleibt. Denn Krickenbeck ist bedroht.

Beständig geblieben ist allein der Abfluß der Nette durch die Höhen im Osten der Seen, von denen der Poelvenn der stillste ist. Es wird übrigens Puhl-fehn ausgesprochen; Puhl oder Pfuhl heißt Loch, Graben, und Fehn heißt feuchte Heide; die Stadt Venlo in der Nähe trägt auch die Ven-Vorsilbe im Namen, -lo heißt so viel wie Anhöhe, Hügel; Namen mit -lo, -löh sind hier oft, der bekannteste Name mit dieser Namensprägung ist die Loreley.

Der Nettedurchbruch bei Herschel an der Flootsmühle teilt den Höhenzug im Osten, nördlich an Hinsbeck fließt die Nette nun gewunden der Niers zu. Hinsbeck liegt hübsch auf der Höhe, die Windmühle überragt als Wahrzeichen den Ort. Schloß Krickenbeck, Haus Bey, einige Bauernschaften und die Höhen sind zu sehen, die mit Recht Hinsbecker Schweiz genannt werden (74, 75).

Zu den verborgenen Merkwürdigkeiten zwischen Seen und Nettelauf gehört der alte Nordkanal, der Rhein und Maas verbinden sollte, der aber nach Napoleons verlorenen Kriegen nach 1816 nicht mehr weitergebaut wurde. Dieser Graben verläuft schnurgerade durch Wald und Wiese, scheinbar sinnlose Becken in den Wiesen sind absurde Veranstaltungen der Natur, auf die sich keiner mehr einen Reim machen kann, wenn man etwa die Schleuse Louisenburg sieht. Den Kanal ereilte sein Los, überflüssig zu sein, als dieses Gebiet nicht mehr als einheitlicher Wirtschaftsraum angesehen wurde. Und so verschwand der Kanal unter Grassoden und Straßen, unter Eisenbahndämmen und Fahrbahnen. Nur noch die Schleusenwärterhäuschen sind dem Kenner auf den ersten Blick offenbar. Sie bezeichnen noch heute als Katen zwischen Viersen und Grefrath den Lauf eines dereinst modernsten Verkehrsmittels Europas.

Flootsmühle, Kovermühle, Nettemühle, Vorster Mühle, Harzbeck, Aerbeck sind die feuchten Wiesen, durch die sich die Nette schlängelt. Fünf Minuten Weges östlich fließt die Niers, bei Wachtendonk treffen sie sich. Der Ort ist alt und zerstört, will sagen, er hat den Krieg schon 1588 kennengelernt, nicht erst 1944; im Herzogtum Geldern, dem alten Oberquartier, war Wachtendonk eine wichtige Festung. Wenig ist erhalten geblieben, doch beeindruckend sind die Reste der Burgruine und das ehemalige Franziskanessen-Kloster schon (76, 77).

Entlang der Niers

„Bitte, nicht jede Woche Lachs! Und Aal mag ich auch nicht immer!" Daß diese edlen Fische aus der Niers kamen und als Massenware den Dienstmädchen zur Speise vorgesetzt wurden, das ist schon etliche Jährchen her. Die Niers ist von Wachtendonk bis Grefrath noch als Fließgewässer mit Windungen, Bögen und Buchten erkennbar, doch südlich Grefraths ist sie nur ein eingedeichter Fließkanal.

Der Weg von Wachtendonk nach Kempen führt über Schlick der Niers entlang, erreicht die Neersdommer Mühle und das Kloster Mariendonk, eine neugotische Anlage, über deren Entstehen im Zusammenhang mit der Kirche in Waldniel schon die Rede war. Die Nierswiesen werden unterbrochen von der Grasheide, einem Erlenbruchwald gegenüber dem Haus Niershoff, das mit Sorgfalt und Sachkenntnis liebevoll gepflegt wird (82).

Grefrath liegt auf dem westlichen Niersufer, hat ein bekanntes Eisstadion, die Wasserburg Dorenburg mit einem kleinen Freilichtmuseum und eine Reihe von Freizeitanlagen. Der Kirchplatz mit der spätgotischen Kirche ist recht nett gelegen, wenn auch sehr belebt. Auch diese Gemeinde lebt wie Lobberich und Oedt von der Textilindustrie (86).

Auf dem östlichen Niersufer liegt die ehemalige Kreisstadt Kempen. Diese Kleinstadt gehört zu den erfreulichsten Anblicken, schon von weitem sieht man den Turm der Kirche St. Maria, danach schieben sich die alten Türmchen der Paterskirche und der Heiliggeistkapelle in das Blickfeld. Schließlich die mächtigen Türme der kurkölnischen Wasserburg von 1396 und die erfreulich wohlgelungene Rekonstruktion der Windmühle auf der Stadtmauer. Im alten Kern der Stadt bemerkt man immer wieder den Rundlingsgrundriß, nach kurzer Zeit steht der Besucher am Ring, also auf dem ehemaligen Stadtgraben, dessen Anlage samt Umwehrung auf den Erzbischof Friedrich von Saarwerden zurückgeht. Es führt hier zu weit, all die kleinen, stimmungsvollen Sehenswürdigkeiten der Stadt zu nennen. Zu den unbedingt sehenswerten Kunstschätzen zählen die Kirche St. Maria mit kostbarster Innenausstattung und das Sakralmuseum des Niederrheins, das in der alten Franziskanerkirche ist. Sehenswert sind die kleinen Gäßchen, die auf den Wall zustreben, die winkligen Fachwerkhäuschen, die noch erhaltenen Stadttore, das Kramer-Museum und außerhalb in den Feldern die Peterskapelle. Insgesamt dürfen sich die Kempener glücklich schätzen, daß die Stadtsanierung bei ihnen eine freundliche Stadt hinterlassen hat, zumindest gilt dies für die historische Innenstadt.

Wir verlassen Kempen gen Südwesten, kommen durch das Wiesenland östlich der Niers, durchfahren Oedt, an der Niers steht der Rest der Burg Uda, man folgt der Niers nach Süchteln. Hier liegen auf dem östlichen Ufer der Niers noch eine Reihe schöner Gebäude, die festen Häuser oder kleinen Herrensitze wie Haus Aldenhoven, Haus Neersdonk, Haus Donk, Haus Stockum, Haus Steinfunder und Haus Dücker. Süchteln gehört schon zum Randbereich des Ballungsraumes Mönchengladbach-Krefeld. Dabei ist Süchteln ein hübsches Städtchen geblieben. Viele Leute sind wegen der Wohnlage zugezogen.

Wenn im Herbst der Wind über die Wiesen im Nierstal geht, die Pappeln rauschend ihre Blätter verlieren, die Fließgräben kaltes Wasser führen, wird einem traurig, erinnert man sich der alten Berichte und Schilderungen über das Nierstal.

Das feuchte Wiesenland mit Hecken aus Weißdorn und Schlehe, die die Vorläufer der Stacheldrahtzäune waren, die vielen Arme und Altarme der Niers, die Bäche, die von der Höhe im Osten zur Niers strömten, all das gibt es nicht mehr. Das Bruch zwischen Süchteln und Viersen ist arm geworden. Es dient als industrielle Ackerproduktionsfläche von Zuckerrüben und Mais, weil es trockengelegt ist. Stromleitungen und Straßen zerschneiden es, Reserveflächen für die Industrie sind geplant. Zu allem Überfluß soll eine Schnellstraße von Norden nach Süden, von Wachtendonk nach Rheydt also, in der Nähe der Niers gebaut werden, das wäre die Nierstalstraße und damit das Ende einer stadtnahen Erholungslandschaft.

Viersen, die neue Kreisstadt mit der spätgotischen Remigiuskirche, wuchs erst ab 1860 zur Stadt zusammen. Noch heute bemerkt man deutlich die Trennung in einzelne Honschaften, die alten bäuerlichen Ortsteile. Die Stadtsanierung der 60er und 70er Jahre hat sicherlich so viel an alter Bausubstanz gekostet wie die Bombenangriffe seit 1939. Seit 1983 hat Viersen auf dem alten Gelände der Firma Kaiser's Kaffee Geschäft einen Geschäftsblock und ein neues Kreisverwaltungsgebäude errichtet. Besonders reizvoll ist die Mittelstadt außerhalb. Das wellige Gelände im Südwesten der Stadt mit seinen abwechslungsreichen Feldgehölzen, Peschen und der Landwehr dient Spaziergängern und Dauerläufern, schnell erreicht man auch die westlichen Stadtteile Gladbachs.

Diese Feldmarken dienten früher dem Anbau von Flachs, aus dem Leinen hergestellt wurde. Fast alle Bauern waren nebenher Weber. Das Viersener Leinen war beliebt, es brachte im 18. Jahrhundert einen bescheidenen Wohlstand. Heute künden nur noch die Flachskuhlen in den Feldern und Hainen von den früher blühenden Flachsfeldern in Weiß oder Blau. In diese Gruben, die Flachskuhlen, legten die Bauern nach der Ernte die Flachsgarben, um sie leicht verrotten zu lassen, um sie später besser verarbeiten zu können.

Am Ende der Reise die Niers aufwärts liegt die Doppelstadt Mönchengladbach-Rheydt. Bemerkenswert sind die Museen dieser beiden Städte. Rheydt bewahrt die industriegeschichtliche Tradition in dem Textilmuseum, hinzu kommen Kunst und Kultur der Renaissance und des Barocks. In Gladbach steht auf der Höhe die Benediktinerabtei St. Vitus. Benedicti amant montes, so sagten die Benediktiner über sich selbst: „Die Benediktiner lieben Berge." Neben der mächtigen Abtei steht nicht weniger gewichtig das neue Museum Abteiberg, das es geschafft hat, mit zeitgenössischer Kunst die Stadt Mönchengladbach nicht nur in der gelehrten Welt bekannt zu machen. Das Leben ist kurz, die Kunst ist lang.

Herbert Feilke

Gladbach, Südost-Ansicht der Abteikirche (Clemen, Kunstdenkmäler der Rheinprovinz, 1896)

Schwalm, Nette and Niers
Nature Resort in Colour Pictures

An excursion into past and present

The Schwalm, Nette and Niers are unknown to many. These three Niederrhein streams flow towards the river Maas, bypassing big cities, Krefeld and Mönchengladbach which are well known. But the county of Viersen, or small towns like Kempen or Lobberich, Brüggen and Wassenberg seem to be hidden from the world.

In fact, travellers searching for beautyful scenery look without success, for the beauties of this area must be sought. The damp marshy lowlands, the sandy heaths, the scanty fir and birch woods, the shallow lakes are all part of the nature resort Maas-Schwalm-Nette. Here the land expands. Church steeples are characteristic of this area and the small places which one can hardly call villages any more: Dilkrath, Rickelrath, Bracht, Schwaam. A part of this land is still grassland, with the occasional old log, or wood cuttings, once used by farmers, lying around in the fields. Around the edge of the plains ditches and grooves, brooks and streams flow together forming a natural canalization which adds to the beauty of this land.

One sometimes sees an alder tree accompanying the water, or a regiment of poplars standing to attention in the low dykes. The land is ameliorated. The long snake-like paths have been severed, the plains have been narrowed, and the moist meadows have been dried out. Never the less, although the land has been robbed of its natural sources, it has become a popular landscape. Visitors know the long sandy paths along the canalized streams, with rows of poplar tree at its banks. This is the typical landscape of the Niederrhein today; it can be found on the Niers, the Nette, the Schwalm or even the river Rhein.

It is however still possible to find routes that have not lost their original landscape. For instance the many lakes with their winding water ways remind us of the old landscape painting. In the upper course of the Schwalm, near Wegberg, lies the Motte (an old fortified hill) Tüschenbroich. Set in picturesque surroundings this old hill pushes its round back out of the water. These artificial hills, that appear out of the marshland, are very, very old. In the early middle ages they were probably used as a refuge by fleeing peasants. This was the only way, of protection in the moor. In the earth around the foot of the hill, great oak beams and wooden planks and clay wicker work have been found, probably used to raise and stabilize the wet ground.

The neighbouring castle Tüschenbroich was built after the castle on the Motte in the late middle ages. Traces of buildings from the 17th and 18th centuries are also to be found and although the castle is in ruins it is still worth seeing. For travellers who want to quench their thirst the old Tüschenbroicher Mühle (Mill) has been transformed from the grinding of linseed to the comfort of a pub. By the way, in the woods belonging to the castle there is an old 17th/18th octogonal chapel. As you can see, it would be easy to miss the beauties of this area if you don't know where to go.

Onwards from Tüschenbroich the chain of mills begins like a small row of pearls following the stream; mills like Bockenmühle, Bischofsmühle, Lohmühle, Ramachermühle, Molzmühle, Papelter Mühle, especially the Schrofmühle on the Mühlenbach, wich flows into Schwalm north of Wegberg, is a real gem because its mill mechanism is still in working order.

Quite understandably this area was called the Mill District in the middle ages. The millers of this time were known to be rogues. They had enormous influence on the peasants. The land owners stipulated to their peasants whose mill they had to use for grinding their corn. The situation changed with the liberation of the peasants early in the 19th century. Today most of the mills are used as pubs or restaurants.

Near the village of Wildenrath lies Haus Wildenrath, a half timbered old building lying next to a pond between trees and a meadow. For years it served the neighbouring castle but today it is a place where walkers can set off and walk up to 40 km without coming across any villages. These woodlands with their dark woods and sandy dunes stretch as far as the Dutch province of Limburg. Today in Haus Wildenrath there are four working banks for Biologists who want to explore and examine nature without being disturbed. The biggest disturbance of nature is the technical equipment of the Nato-forces and modern technology. Large areas of the Maas-Schwalm-Nette nature park are for British use only. It means however because of the military protection of this area, wild life has a chance to survive behind barbed wire without being disturbed by tourists.

Let's turn again towards the river Schwalm. North of the recently renovated Molzmühle, between the hamlets of Rickelrath and Schwaam, the Schwalm turns northwards winding as it flows into the swampy marshlands of a beautiful Bruchwald (fen wood). Here is the Papelter Mühle and south of this mill the brooks Knippertzbach and Heitbach flow into the Schwalm. The scenery changes very little. Here between the villages of Merbeck, Tetelrath and Lüttelvorst the river Schwalm flows through the broad and wide stretched wet valley. Along the Schwalm one finds the occasional camping sites, pubs and restaurants in the old mills. Northeast of the village Niederkruchten lies the Hariksee, with its camping sites, boats for hire, boat trips and its many paddling and rowing boats. But the pleasure of boating has been reduced by the falling water level. As one rows up towards the Pannenmühle the oar touches the bottom in shallow parts and one is aware that this beautiful Schwalm valley is threatened by the falling water level.

Increasing coal mining has already reached the spring areas of the river Niers. So ground water level is rapidly falling. Despite of heavy rainfalls in early 1983 the water level is unusually low. Naturists want to slow down the speed of the Schwalm by directing the flow of water back to its original river bed and thus allowing it to move more quietly on its winding way. An occasional swell from the river bed would certainly slow it down and this would be better for the land.

Following the river we reach Waldniel, the main town in the county of Schwalmtal, with its famous St. Michael's church steeple. The church was built like many other Prussian province churches about 1880. People are not aware but many churches were built at this time as a protest against the Prussian state which the catholics of the Province of North-Rhine did not support. They built these impressive (catholic) churches to show the strength of their religion. During this era more catholic priests were imprisoned than common criminals. Apart from the Schwalmtal cathedral, Waldniel has some pretty timbered houses but unfortunately there is nothing left of the old well and the ditches of the 16th and 17th century.

In the neighbourhood of Waldniel lies the lovely little village of Dilkrath. It has kept its character as a hamlet, with its small courtyards: surrounding the small church with its well kept organ, here you find one of the oldest and best preserved organs in the valley of the Schwalm. Who would have believed that this organ can also be played without electric energy? It is probably the only church around where the sexton must use a wooden beam to fill the windbag of the organ so that it can be played. In the neighbouring villages there are several well-tuned organs; for instance, in Lüttelforst, in Elmpt-Overhetfeld in the Mary-on-the-Heath-chapel, or in the parish church of St. Nikolaus in Brüggen. This organ in Brüggen is not only the most beautiful one but it is also the finest sounding baroque organ in the Rheinland.

Let's return to the river Schwalm now flowing westwards to Born. Here the valley opens and the wide meadows stretch out. The church of Born seems to be very old, its brickwork looks very worn out and one has the feeling it won't be there much longer, but however, the white dial on the church clock proudly indicates that it hasn't been renovated but has simply been allowed to grow old gracefully. Perhaps the old brickwork belonged to the old castle that once stood here.

On the moor between the river Schwalm and the Borner See (lake of Born) lies an old castle buried under the wet grass. It had two buildings, the main building which was round, and a domestic building. The excavations in about 1930/31 showed that people in middle ages knew how to protect themselves. In the soft moor ground they had rammed hundreds of oak beams, and layers and layers of clay wickerwork, to help raise the ground. In the late middle ages the Bornheim castle – this was its former name – and the hill were destroyed. The name of its last owner is still unknown.

The Borner See is like a sunken bath due to the earth movements in the past. This lake changed so much due to the flow of the Kranenbach (Kranenbrook) that the people of Born could dig peat. Peat digging went on right up to the 19th century and this in turn enlarged the water capacity. But the slow flowing water with the high concentration of nutritive substance and the shallowness enabled water plants to grow in abundance. The administration of nature resort Maas-Schwalm-Nette and some specialists who spent all their spare time trying to save their homeland, made sure to save the lake. Bulldozers dug up the bottom, increased the depth, made a completely new shore and enlarged the water surface considerably. Today the Borner See lies in a picturesque landscape between meadows, the river Schwalm, the small hamlet of Born and the damp woods – it is possible that here the land can recover. There are neither camping sites, boats, rubbish or noise to distroy the peace of the country-side. Perhaps the threatened plants and animals will return again if their resort is not disturbed. Here the heron, the heraldic animal of the nature park, finds its space to live.

Following the Schwalm we enter Brüggen. This little town has now become famous for its recreation. This well kept place with its castle, abbey and church shows easily its past history. Below the castle there was a crossing over the Schwalm which used to be guarded by the bailiff of Jülich. But unfortunately there is only left the round tower and several living quarters of the old gothic castle. The surroundings are well looked after and now there is a restaurant inside.

Brüggen has become a pleasant place to live due to its position. The little town is situated between the woods stretching out to the German-Dutch frontier and the valley of the Schwalm bending to the south. Following the Schwalm one reaches within some kilometers the Netherlands where the landscape becomes more open and the meadows of the river Maas begin.

South of Brüggen and the Schwalm is Elmpt, a village whose importance is underestimated. You can find there the miraculous image of the Mother of God at the Madonna altar in the Lady chapel in Overhetfeld. This chapel was built in 1703 and is famous for its beautiful position and its artistic interior decorations. The small wooden carved shrine dates back to 1530/40 and probably comes from the Zandt monastery near Straelen. The altar in the chapel came from the nearby castle of Dilborn.

So here the river Schwalm ends, it flows into the river Maas, west of the village of Swalmen. One can catch a ferry from the bank of the river Maas and go across the mouth of the Schwalm, and there one comes to the moors and heaths of Peel, one of the most attractive areas in the east of the Dutch province of Brabant.

The second little river of the nature resort Maas-Schwalm-Nette is the Nette which has its source in Dülken. The narrow creek accompanies the road to Boisheim. After ten kilometers it is not yet the fine beautiful stream so many people talk about. The old village pond which probably was the well of the Nette does not exist any more in Dülken. But old habits do exist in Dülken today. There is the Academy of Fools, the wind mill of fools, and Dülken is the heart of carnival, too. Long ago the Academy of Fools offered Goethe to become a member of the Academy of Dülken, but the old poet did not agree. Thanks to the carnevalists of Dülken the wind mill survived the times, neither war nor renovation could destroy the old building with the smiling moon at the roof. In the centre of Dülken there are some well kept old houses, for instance the Altes Waisenhaus (= old orphanage) which nowadays serves as a public library.

We leave the town of the riding fools now, but it is not true that the inhabitants of Dülken ride on wooden toy horses around the mill. In a short distance of the village Boisheim begin the lakes of the river Nette to form a "string of pearls", Nettebruch, Windmühlenbruch, Ferkensbruch. This is the centre and the most precious part of the nature resort Maas-Schwalm-Nette. Some kilometers to the north lies the nature preserve area of Krickenbecker Seen (Lakes of Krickenbeck). It is strictly prohibited to use the nature for any noisy dissipation. Therefore the four lakes are worth travelling. The beautiful village Hinsbeck on a hill east of Krickenbeck manor house invites guests to a nice walk through the hidden beauties of the valley of the Nette, the Nettetal.

Finally let us have a short look upon the old town Kempen. Kempen is a very old town dating back to the 12th century when it was made a fortified town with towers and wall. It is a good recommendation to spend a long afternoon in Kempen visiting the Kramer Museum, the Museum of Sacral Art, or the parish church. The old wind mill built of bricks and situated on the wall completes the impression of an old town with a vivid tradition since the middle ages.

After the reform of the administration Viersen instead of Kempen became capital of the county. Viersen is a town without buildings of age or historic importance besides the church of St. Remigius and some farm houses and water mills. More than 70 percent of the town were destroyed by allied air attacks, a considerable number of buildings and houses have become victims of the modernisation of the town since 1960.

Mönchengladbach close to Viersen is not only the city of the British Rhine Army but also a historic site with an important Benedictine abbey St. Vitus and a well famous museum of modern art on abbey hill (Museum Abteiberg). The industrial development of textile technology is to be seen in Rheydt.

Descriptions of the illustrations

25 Tüschenbroich castle near Wegberg
26 Tüschenbroich mill, the first mill at the river Schwalm
27 The "Motte" of Tüschenbroich – a medieval hill in the wet valley of the Schwalm with an old castle on it
28 Pond near Haus Wildenrath, community of Wildenrath
29 In springtime at Haus Wildenrath – there are laboratories for scientific research for purposes of the natural resort Maas-Schwalm-Nette
30 Wassenberg
31 View from the castle of Wassenberg
32 Elsum castle near Birgelen
33 Erkelenz, parish church and town hall
34 The old Schrofmühle (mill) north of Wegberg
35 Mill equipment in Schrofmühle
36 Lüttelforster Mühle (mill)
37 Old farm houses Schwaam, Rickelrath, Venheyde of 17th/18th century
38 Brempter Mühle (mill) near Gützenrath
39 Hariksee (lake) the noisy attraction for boats, surfers, fishermen and camping
40 Mühlrather Mühle (mill)
41 Lake of Born and hamlet Born, reconstructed nature and a quiet landscape
42 Lake of Born
43 Lake of Born in the evening
44 In the park of Dilborn castle
45 Elmpt Manor House of 13th and 18th century
46 Elmpter Kapelle – Old chapel of Elmpt-Overhetfeld
47 Alter in the Elmpter Kapelle, 1530/1540
48 Pond in the woods at the German-Dutch frontier
49 Artificial lake near Brüggen
50 The river Schwalm near Brüggen, not in its natural bed
51 The end over the river Schwalm in the river Maas
52 The mill of Brüggen
53 Brüggen castle
54 Centre of the village Waldniel with St. Michael church
55 Old doors in Waldniel, Amern and Schwanenberg
56 The vicar's house in the hamlet of Dilkrath, near Waldniel
57 The Mill of Fools and the Academy of Fools in Dülken – this is the centre of carnival in the lower Rhine area
58 At the river Nette – the Nette had its source in an old well in Dülken
59 At the lake of Breyell
60 The old castle of Ingenhoven, Lobberich, Nettetal, built in 1450/80
61 Ingenhoven, interiours of 19th century
62 The De Witt lake near Lobberich
63 De Witt lake – meadows and damp grassland at the shore
64 Castle of Krickenbeck, Hinsbeck, Nettetal
65 A hidden beauty – old garden houses of 18th century, Kaldenkirchen, Nettetal
66 Typical ditch
67 Bey Manor House of 1800
68 Glabbacher Bruch – lake, one of the most important shallow lakes of the Krickenbecker Seen (= lakes of Krickenbeck)
69 Hinsbecker Bruch, a lake of the same kind, situated close to Glabbacher Bruch
70 The heron is the heraldic bird of Maas-Schwalm-Nette-Naturpark. Since 1960/61 severe protection let increase the number of these birds.
71 There are only a few exemplares of the kingfisher living in the embankments of narrow creeks. Only a few individuals of the wasp buzzard find their space in the woods with wide wet meadows at teh river Niers.
72 The river Nette coming from the lakes
73 At lake Poelvenn
74 Stammenmühle, Hinsbeck, Nettetal – old wind mill on the hill top
75 Oirlich, old hamlet near hinsbeck
76 Wachtendonk, Kreis Kleve – old fortifications of 17th century
77 Wachtendonk, old house
78 Kempen, Kreis Viersen, centre of the town
79 Kempen, the old castle of the archbishops of Cologne
80 Kempen, old wind mill situated on the town wall, perhaps the only mill of this kind in Germany
81 Kempen, old street
82 Niershoff Manor House near Grefrath at the river Niers
83 Old cross near Niershoff
84 Berfes, this building had to protect the peasants in times of hostile attacks and raids, they climbed up to the top and destroyed the ladders. Typical for medieval farm houses in the lower Rhine area.
85 Old tower of former Uda castle near Oedt at the river Niers
86 Open air museum Dorenburg, Grefrath, old farm houses and toys are to be seen here, in the vicinity there is Dorenburg castle
87 Süchteln, part of the town of Viersen
88 The old marsh land of the river Niers, now grass land
89 The meadows at the river Niers
90 St. Remigius, parish church of Viersen, dating back to 10th century, the actual state is of 1450/80
91 Old water mills and farm houses in Viersen
92 Mönchengladbach, Abteiberg (= abbey hill). The order of the Benedictines founded their famous abbey here early in the middle ages
93 The crypt of St. Vitus abbey
94 Museum Abteiberg, museum of modern art, Mönchengladbach
95 The castle of Rheydt, textile museum and exhibitions of textile products
96 Old pond near Viersen – the long way of linen production used to begin here where the raw material had to soak.

Viersen, St. Remigius
(Clemen, Kunstdenkmäler der Rheinprovinz, 1896)

Schloß Rheydt, Westfassade (Clemen, Kunstdenkmäler der Rheinprovinz, 1896)

Burg Tüschenbroich bei Wegberg. Sie ist eine der malerischsten Burganlagen, was die alten Baumbestände und die vielen Gewässer noch betonen.

Die Mühle Tüschenbroich. Sie ist die erste der vielen Mühlen an der Schwalm. Hier schroteten und mahlten die Altvorderen Korn und Leinsamen. Das Gebäude ist heute ein Restaurant.

Die Motte Tüschenbroich – der älteste Teil der Anlage; auf dem runden Hügel im Wasser. Sie war wahrscheinlich im frühen Mittelalter Vorgänger der Burg.

Gewässer bei Haus Wildenrath, südwestlich des Ortes Wildenrath.

Frühjahrsstimmung auf dem Anwesen des Hauses Wildenrath. Das Fachwerkgebäude dient heute als Forschungsstätte für den Naturpark Maas-Schwalm-Nette.

Wassenberg im Kreis Heinsberg. Überall trifft man am Niederrhein diese flachen, nährstoffreichen Gewässer mit Erlen und Weichhölzern an den Ufern.

Blick von der Burg über Wassenberg in die Ebene. Pappelreihen, mehrere Horizontlinien und Wasserläufe in der Ferne lassen diese Landschaft als abwechslungsreich und vielfältig erscheinen.

Schloß Elsum bei Birgelen, Kreis Heinsberg.
Wie Tüschenbroich liegt die Burganlage auf einer angeschütteten, fast viereckigen Insel und erinnert an die frühmittelalterlichen Niederungsburgen, die Motten. Heute wird das Gebäude durch seine neugotischen Renovierungen bestimmt, die Bausubstanz geht zurück auf eine spätgotische Backsteinanlage des ausgehenden 15. Jahrhunderts.

Erkelenz, Pfarrkirche und Rathaus.
Der Backsteinbau des Rathauses entstand in niederländischer Art um 1544; die gewölbte, offene Pfeilerhalle des Erdgeschosses diente als Marktstelle.
Die Kriegszerstörungen 1944/45 haben der Stadt ihr historisch gewachsenes Gesicht genommen.

Die Schrofmühle nördlich Wegbergs am Mühlenbach. Mit diesem Gebäude steht an dieser Stelle schon das dritte Mühlenhaus, unter dessen Boden sind die Fundamente der beiden Vorgängerbauten.

Das Kollerwerk der Schrofmühle. ▷ Noch heute sind Kollerwerk und Mahlwerk arbeitsbereit, man könnte hier noch schroten und mahlen. Die Mühle befindet sich seit Generationen im Besitze einer Familie, die dem alten Bauwerk mit viel Sachverstand und Fleiß Pflege und Erhaltung sichert.

Die Lüttelforster Mühle bei Niederkrüchten, Kreis Viersen. Wie diese Mühle haben auch noch die Bauernschaften Tetelrath, Merbeck und Schwaam im Schwalmtal einen Teil ihrer alten Bausubstanz erhalten.

Die alten Bauernhäuser von Schwaam, Rickelrath, Venheyde gehören auch dazu. Sie stammen aus dem 17. und 18. Jahrhundert und lassen etwas von der Alltagskultur des bäuerlichen Lebens vor 200 oder 250 Jahren erahnen.

Die Brempter Mühle bei Güzenrath im Kreis Viersen. Hier dient die Schwalm heute eher der lauten Naherholung für viele Ausflügler aus Gladbach, Rheydt und Viersen.

Der Hariksee, nördlich der Brempter Mühle, mit Zeltplätzen, Tretbooten, Ruderbooten, Paddlern, Anglern, einem kleinen Ausflugsdampferchen namens „Patschel" und einem Kranz von Gaststätten.

Mühlrather Mühle, nördlicher Ausfluß der Schwalm aus dem Hariksee. Hier beginnt ein schönes Stück der Schwalm, die nach Born fließt.

Borner See und Ortschaft Born bei Brüggen. Ein rekonstruiertes Stück Natur, ein See ohne Boote, eine Wasserfläche ohne Lärm.

Das Luftbild des Borner Sees und der Ortschaft Born zeigt die Lage in der Niederung des Schwalmtales und des Kranenbachtales.

Abendstimmung am Borner See ▷

Der Schloßpark Dilborn bei
Brüggen. Bezeichnend für die
feuchten Niederungen des
Niederrheines sind nicht so sehr
die Pappeln, sondern Eichen,
Eschen und Erlen.
Das spätsommerliche Licht
läßt die Baumveteranen
besonders eindrücklich wirken.

Haus Elmpt. Die Anlage ist Stammsitz eines gleichnamigen Geschlechtes, das seit dem 13. Jahrhundert urkundlich nachweisbar ist. Durch Veränderungen im 18. und 19. Jahrhundert blieb allein der Kern der Burg, das Herrenhaus aus dem ausgehenden Mittelalter, in der Substanz erhalten.

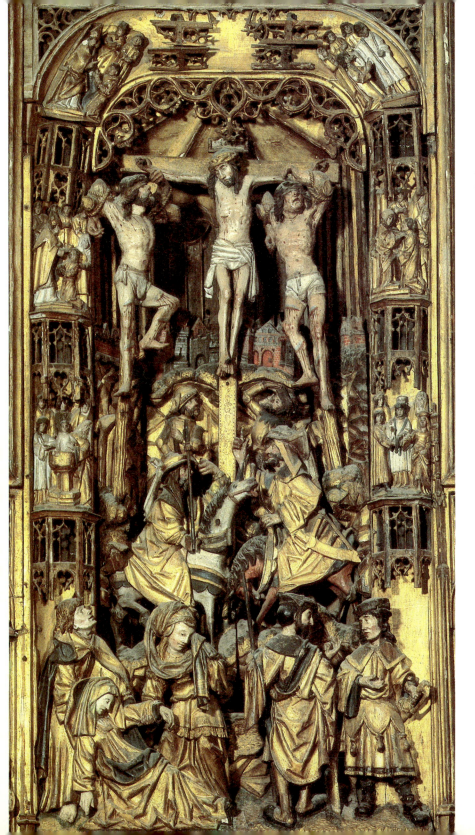

Elmpter Kapelle in Elmpt-Overhetfeld (= über das Feld) steht diese ursprüngliche Gnadenkapelle aus dem Jahre 1703, die 1734 durch einen Saalbau erweitert wurde.

Altarbild (Detailstudie). Dieser Altar stammt aus dem Kloster Zandt bei Straelen und wird auf 1530/40 datiert. Er gehört zu den bedeutendsten Kunstwerken des Kreises Viersen.

Feuchtgebiet im Grenzwald zwischen Bracht und Kaldenkirchen. Auf den sandigen Böden des Grenzwaldes kann eigentlich kein Wasser stehen. Nur wenn Ton- oder Lehmschichten unter dem Sande das Regenwasser halten, bilden sich solche Venne. Sie sind eigentlich sauer und fischlos, daher bieten sie seltenen Fröschen und Kröten einen letzten Lebensraum. Eine Reihe nur noch hier vorkommender Pflanzen haben ihre letzte Zuflucht in diesen Vennkuhlen gefunden.

Ein Gewässer, das auf alte ▷ Sandbaggereien zurückgeht.

Schwalm bei Brüggen.
Sandwege längs der kanalisierten Schwalm, von Radwanderern bevorzugt.

Die Mündung der Schwalm/Swalm ▷ in die Maas. Jenseits, auf dem westlichen Ufer, beginnen die weiten Moore des Grote Peel.

Die Mühle an der Schwalm in Brüggen. Wie viele andere Mühlen, so ist auch diese Mühle heute deshalb erhalten geblieben, weil sie als Gasthaus dem Fremdenverkehr dient.

Die Burg in Brüggen. Trotz der teilweise nur als Trümmer erhaltenen Stücke sind die intakten Teile der Burg bis heute Zeugen aus dem Mittelalter.

Waldniel, Ortskern mit Kirche St. Michael. Die neugotische Kirche ist eine der größten Kirchen der weiteren Umgebung und wird „Schwalmtaldom" genannt.

Detailstudie alter Türen in Waldniel, ▷ Amern und Schwanenberg.

Pfarrhaus in Dilkrath, Gemeinde Schwalmtal. Das alte Pfarrhaus neben der Kirche mit ihrer alten Orgel bildet in dem kleinen Weiler einen hübschen Blickfang.

Die Narrenmühle in Dülken. Diese Mühle ist eine der wenigen niederrheinischen Windmühlen, die nicht im Laufe der Jahre abgerissen wurden. Dank den fröhlichen Bräuchen der Dülkener Narren blieb das Gebäude pfleglich erhalten. Auch das Innere lohnt einen Besuch.

Die Nette entspringt bekanntlich in Dülken an der Moselstraße, bildet zuerst ein Rinnsal, erweitert sich aber schon nach 14 Kilometern zu einem schönen Seengebiet, hier eine Partie bei Lobberich.

Abend am Breyeller See.

Burg Ingenhoven, Lobberich. Auch das Nettetal hat seine Burgen und festen Häuser. Diese spätgotische Backsteinanlage ist sehr ansprechend restauriert worden.

Burg Ingenhoven, Treppenhaus. Die Renovierungen des 19. Jahrhunderts zeitigten Kunstwerke, deren Wert man heute zu schätzen weiß. Zu den kunstvollen Innenausstattungsteilen gehören die geschnitzten Treppen und die seltenen, bunten Fenster.

De-Witt-See bei Lobberich. Der umgestürzte Baum scheint nur auf eine ungestörte Landschaft hinzuweisen. Tatsächlich ist der De-Witt-See ein Freizeitgewässer, das aber bei weitem nicht so belastet ist wie etwa der Hariksee.

Am Ufer des De-Witt-Sees ▷ stehen Kopfweiden, die zu den Charakterbäumen der niederrheinischen Wiesenlandschaft gehören.

Schloß Krickenbeck bei Hinsbeck, Nettetal. Dieses Schloß liegt zwischen den vier schönsten Netteseen.

Gartenpavillon in Kaldenkirchen, Nettetal. Zu den unerwarteten Kostbarkeiten zählt dieses Gartenhäuschen aus dem Rokoko, das in einem Kaldenkirchener Privatgarten steht und seit langer Zeit in Familienbesitz ist.

Immer wieder trifft man zwischen Leuth, Lobberich und Hinsbeck auf Gräben und Wasserläufe, die diese Landschaft so prägen.

Haus Bey, Hinsbeck, zwischen den Bauernschaften Hombergen und Bruch. Die Anlage läßt sich bis in das 17. Jahrhundert zurückverfolgen, gesichert ist derzeit, daß Haus Bey um 1800 neu aufgebaut wurde.

Glabbacher Bruch, einer der vier Netteseen. Schilfränder, Erlenbruchwald, ungestörte, sumpfige Ufer sollten die Besucher veranlassen, diese schöne Landschaft ungestört zu lassen.

Hinsbecker Bruch, ein ähnlicher Standort im selben Gebiet, Ruhe, Stille, eine nur scheinbar sich selbst überlassene Natur.

Zu den hier vorkommenden, selten gewordenen Tierarten gehört der Graureiher als Wappenvogel des Naturparkes Maas-Schwalm-Nette.

Ebenfalls heimisch zwischen Niers und Nette sind Eisvogel und Wespenbussard. Auch hier ist der Naturfreund aufgerufen, im Sinne der Erhaltung Natur und Vögel ungestört zu lassen.

◁ Der Nettedurchfluß kurz vor der Flootsmühle im Erlenbruchwald.

Auch sie wollen die Natur genießen, Angler am Poelvenn.

Die Stammenmühle, Hinsbeck, Nettetal. Diese Windmühle gehört zu den Wahrzeichen des Nettetales, sie liegt sehr schön auf dem Höhenrücken zwischen Hinsbeck und Grefrath, etwas unterhalb liegt die Honschaft Oirlich.

In Oirlich. Nicht feststellbar ist es, ob es sich hier um eine alte Station zum Pferdewechsel handelt. Gepflegte Höfe und erhaltene Bauerngärten wie früher trifft man hier noch an.

Wachtendonk, Kreis Kleve. Von der alten Burg der Herren Wachtendonk ist nur das Torwächterhaus mit seinem Staffelgiebel erhalten geblieben, zu häufig waren die Angriffe der Feinde. Am Anfang des 17. Jahrhunderts wurden fast alle Befestigungen geschleift, aus dem heftig umstrittenen Ort des Oberquartiers Geldern wurde ein beschauliches Landstädtchen.

Wachtendonk, ein niederrheinisches ▷ Backsteinhaus. Bemerkenswert sind die verschiedenen Fensterformen und die asymmetrische Giebelfront.

Kempen, Kreis Viersen – Luftbild des alten Stadtkerns. Man sieht deutlich die auf den Mittelpunkt zustrebenden Wege und teilweise die historischen Gebäude.

Kempen, die kurkölnische Landesburg. In den Gebäuden der Burg und in benachbarten Bauwerken war die Kreisverwaltung des ehemaligen Landkreises Kempen-Krefeld untergebracht, bis sie nach Viersen, dem neuen Kreissitz, umzog.

Die Windmühle auf der Stadtmauer in Kempen gehört zu den ganz wenigen noch erhaltenen Windmühlen, die zweifach zu nutzen waren:
einmal als Mühle,
zum anderen als Bollwerk.

Mit dem alten Stadtbild stimmen noch manche Straßen und Häuser überein. Erfreulich ist hier vor allem, daß nicht Teer, sondern Katzenkopfpflaster den Straßenbelag bildet.

Gut Niershoff bei Grefrath. Entlang der Niers gibt es eine Reihe von alten, wohlgepflegten Herrenhäusern.

Bei der Pflege eines Anwesens sind es oft die Nebensächlichkeiten, wie dieses Wegkreuz bei Gut Niershoff, die einen besonderen Reiz ausmachen.

Berfes bei Vorst, Gemeinde Tönisvorst. In alten Zeiten flüchteten die Bauern in etwas höher gebaute Speicherhäuser, in denen sie die Leitern hochzogen. Dieses Haus ist aus einem solchen Berfes (= Bergfried) hervorgegangen.

Burg Uda bei Oedt. Von der alten Burganlage an der Niers bei Oedt ist dieser Backsteinturm übriggeblieben.

Reichhaltiger sind die Schätze des kleinen Freilichtmuseums Dorenburg bei Grefrath. Mehrere vollständige Bauernhöfe und eine Posthalterei sind hier im Originalzustand wiedererstellt worden. Auch ein Spielzeugmuseum gehört zur Anlage.

Süchteln, heute ein Stadtteil von Viersen – eine hübsche Wohnstadt zwischen den Süchtelner Höhen und den Niederungen der Niers.

1 Das alte Überschwemmungsgebiet der Niers, das heute als Grünland dient, ist geprägt von Kopfweiden, Pappeln und nassen Wiesen, in denen vereinzelt noch immer Frösche und Kröten das Glück haben, ein noch nicht verfülltes Wasserloch zu finden. Im Viersener Bruch. Solche Kopfweiden standen in langen Reihen und bezeichneten die Grundstücksgrenzen; ihre Schößlinge verarbeitete man zu Körben, Flechthecken, Besen und Pfriemen. In dem knorrigen Kopf der Kopfweiden brüteten selten gewordene Vögel, etwa der Steinkauz.

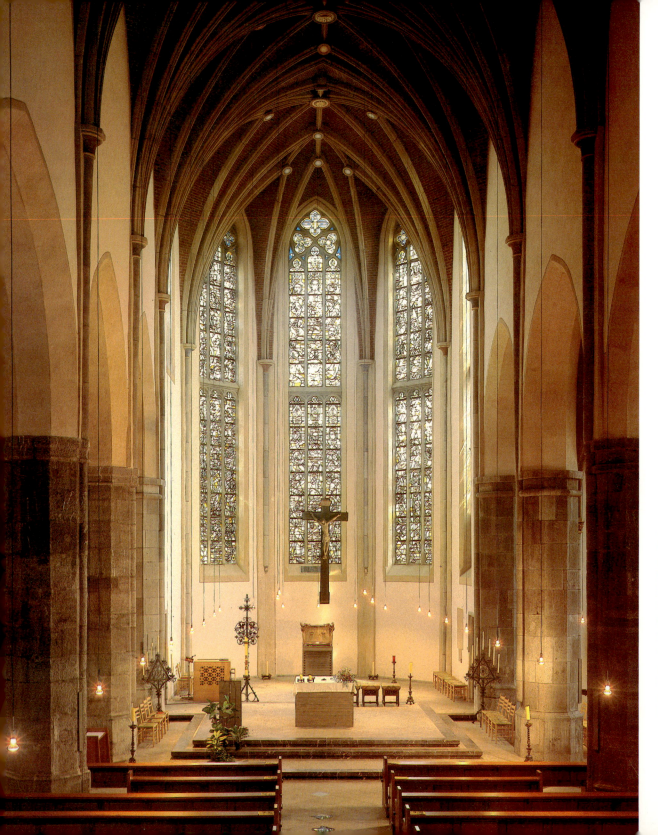

St. Remigius, Viersen. Die älteste Viersener Pfarrkirche gehört zu den bemerkenswerten Gebäuden dieser Stadt. Bei der Renovierung 1983/84 wurden wichtige Funde in der Kirche gemacht, die über Alter und Baugeschichte neue Erkenntnisse bringen.

Alte Mühlen- und Bauernhäuser ▷ in Viersen. Oben links die Westseite der Bongartzmühle am Hammer Bach, unten das zugehörige ehemalige Gesindehaus. Oben rechts ein altes Bauernhaus an der Bebericher Straße, typisch wie an dem anderen Gebäude ist hier das einspringende, dreieckige System der Backsteine, die als Schmuck und als konstruktiver Teil der Fassaden dienten.

Mönchengladbach, Abteiberg. Im Luftbild sieht man deutlich die geschützte Lage des Abteiberges an der Steilkante. Benedicti amant montes. Die Benediktiner lieben die Berge, ihr Vorbild ist der Monte Cassino mit ihrem Stammkloster.

Zu den sehenswerten Architekturzeugnissen der Romanik gehört die Krypta unter der Abtei St. Vitus in Gladbach. Die Raumwirkung und die kunstvolle Gestaltung des Raumes suchen ihresgleichen.

Nicht die Textilindustrie, nicht der Fußball, sondern ein Kunstmuseum hat die niederrheinische Stadt weltbekannt gemacht. Das Museum Abteiberg ist wegen seiner kühnen Architektur und wegen seiner avantgardistischen Sammlung zu Recht sehenswert.

Im Museum Schloß Rheydt wird neben anderem die Entwicklung der Textilindustrie bis zurück zu den Anfängen gezeigt.

Flachskuhle in Viersen, Bockerter Heide. Hier begann die Veredelung vom Flachs zum Leinen. Heute künden nur noch die Flachskuhlen in den Feldern und Hainen von den früher blühenden Flachsfeldern in Weiß und Blau. ▷▷